Servidores Comunitarios

Dentistas

Texto: Dee Ready
Traducción: Dr. Martín Luis Guzmán Ferrer
Revisión de la traducción: María Rebeca Cartes

Consultora de la traducción:
Dra. Isabel Schon, Directora
Centro para el Estudio de Libros
Infantiles y Juveniles en Español
California State University-San Marcos

Bridgestone Books
an imprint of Capstone Press
Mankato, Minnesota

Bridgestone Books are published by Capstone Press
818 North Willow Street, Mankato, Minnesota 56001
http://www.capstone-press.com

Library of Congress Cataloging-in-Publication Data
Ready, Dee.
    [Dentists. Spanish]
    Dentistas/de Dee Ready; traducción de Martín Luis Guzmán Ferrer; revisión de la
traducción de María Rebeca Cartes.
    p. cm.—(Servidores comunitarios)
    Includes bibliographical references and index.
    Summary: Explains the clothing, tools, schooling, and work of dentists.
    ISBN 1-56065-795-2
    1. Dentists—Juvenile literature. 2. Dentistry—Juvenile literature. [1. Dentists.
2. Dental care. 3. Occupations. 4. Spanish language materials.] I. Title. II. Series.
RK63.R42718   1999
617.6'0232—dc21
                                                                98-18755
                                                                CIP
                                                                AC

Editorial Credits
Martha E. Hillman, translation project manager; Timothy Larson, editor; Timothy Halldin,
    cover designer; Michelle L. Norstad, photo researcher
Consultant
Isabel Garcia, D.D.S., M.P.H., National Institute of Dental Research
Photo Credits
FPG/Michael Krasowitz, 16
International Stock/Bill Stanton, 14
Maguire PhotoGraFX, cover, 6, 20
Root Resources/MacDonald, 18
Unicorn Stock/Tom McCarthy, 4, 8; Chuck Schmeiser, 10; MacDonald, 12

Contenido

Para evitar una repetición constante, alternamos el uso del femenino y el masculino.

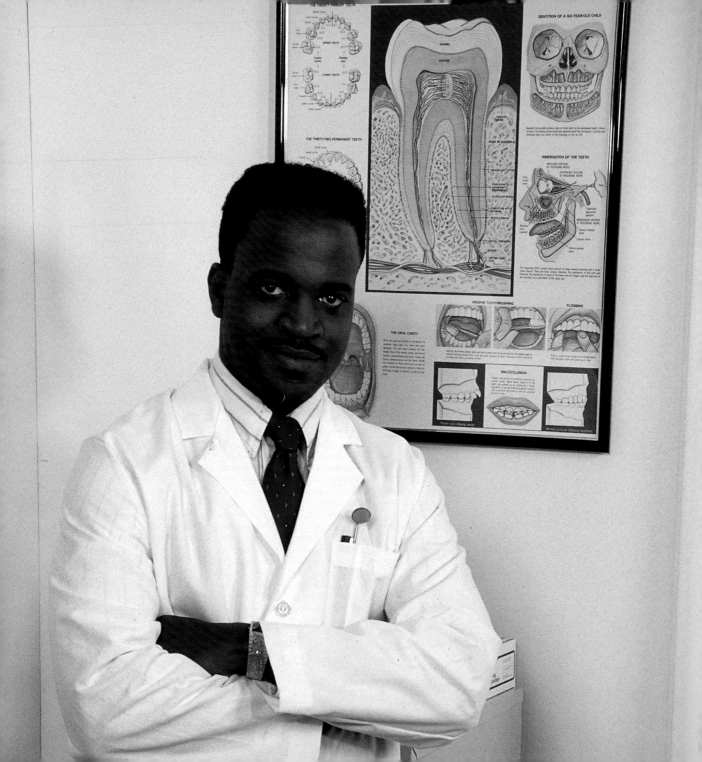

Dentistas

Los dentistas ayudan a la gente a cuidar sus dientes. Los dentistas curan los dientes. También ayudan a que los dientes de la gente estén sanos. La gente va al dentista para examinarse los dientes. Un examen es una revisión para saber si los dientes están sanos.

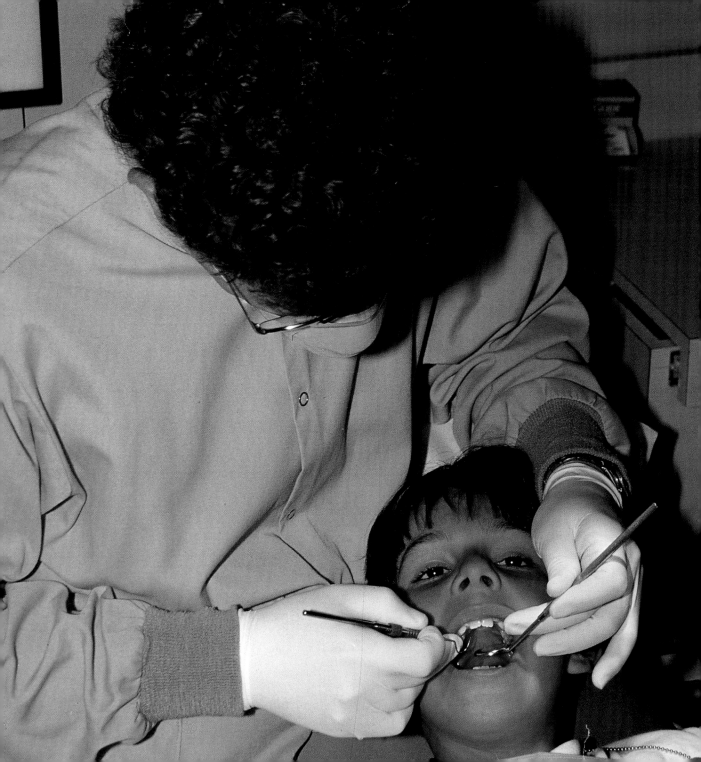

Qué hacen las dentistas

Las dentistas buscan las caries. Una caries es un agujero en un diente. Las dentistas tapan las caries que encuentran. También revisan las encías para saber si están sanas. Las encías son la piel suave alrededor de los dientes.

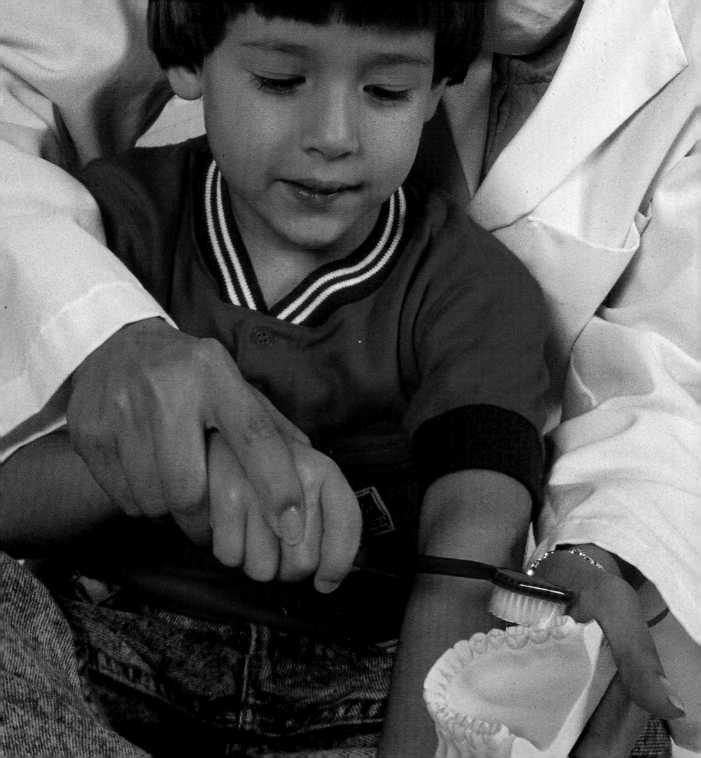

Diferentes tipos de dentistas

Muchos dentistas tapan las caries. Algunos dentistas arreglan los dientes torcidos. Otros dentistas sólo curan los dientes de los niños. Ellos se llaman dentistas pediátricos. Estos dentistas les enseñan a los niños cómo deben cuidar sus dientes.

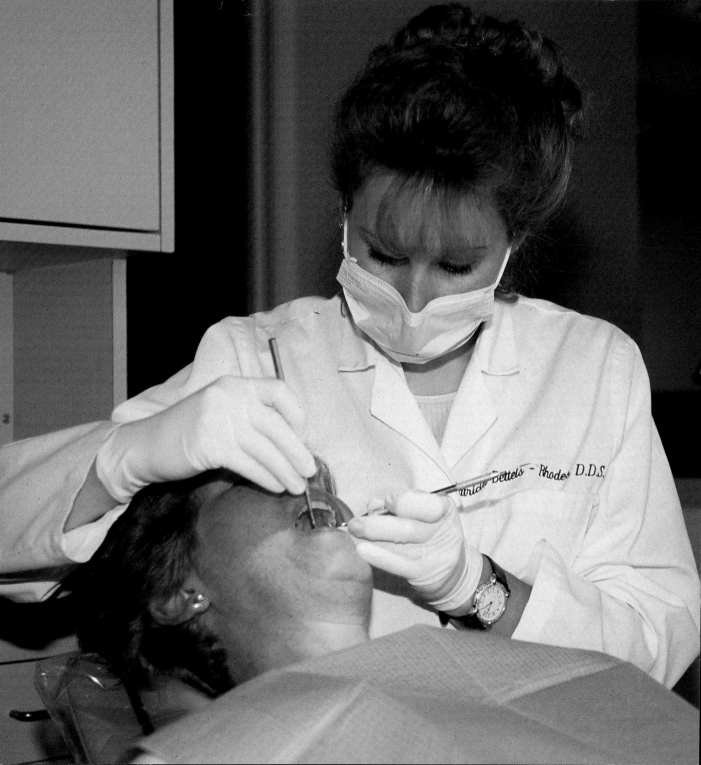

Qué se ponen las dentistas

Muchas dentistas usan guantes especiales. También se ponen mascarillas para cubrir sus bocas. Las mascarillas y los guantes sirven para que todo el mundo esté sano. Muchas dentistas también usan batas blancas sobre su ropa.

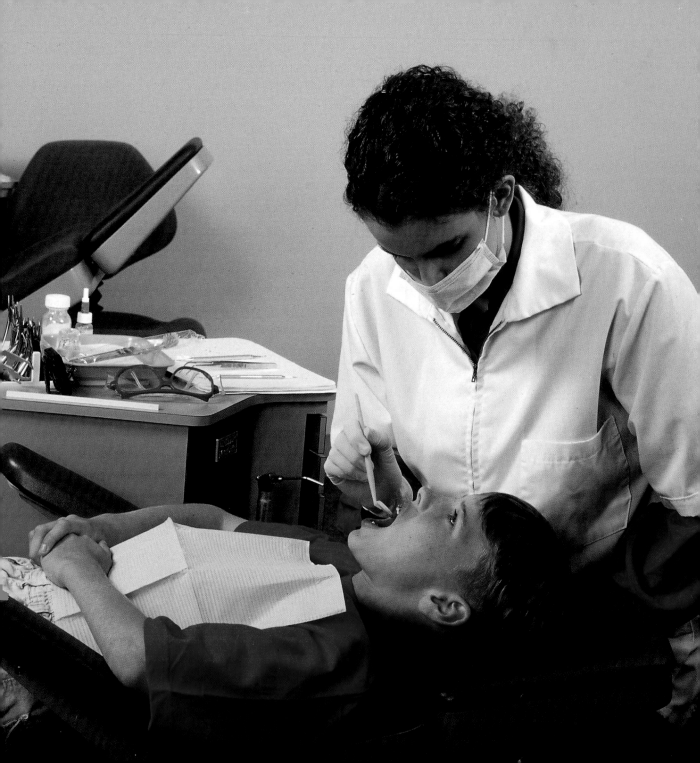

Instrumentos que usan los dentistas

Los dentistas usan pequeños espejos para ver los dientes. Usan máquinas especiales para tomarles fotos a los dientes. Estas fotos los ayudan a encontrar las caries. Otros instrumentos dentales les sirven a los dentistas para tapar las caries.

Las dentistas y la universidad

Todas las dentistas van a la universidad y a la escuela de odontología. Van a estas escuelas durante ocho o más años. Aprenden cómo lograr que los dientes y las encías estén sanos. También aprenden a curar los dientes.

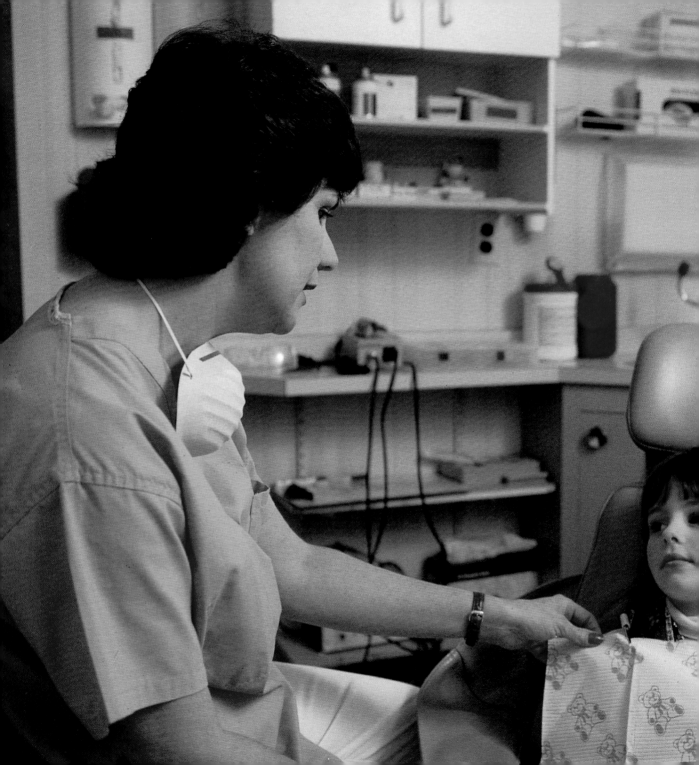

Dónde trabajan los dentistas

La mayoría de los dentistas trabaja en sus propios consultorios. Otros dentistas trabajan en clínicas. Todos los dentistas tienen cuartos para examinar a los pacientes. Estos cuartos tienen sillones de dentista e instrumentos dentales.

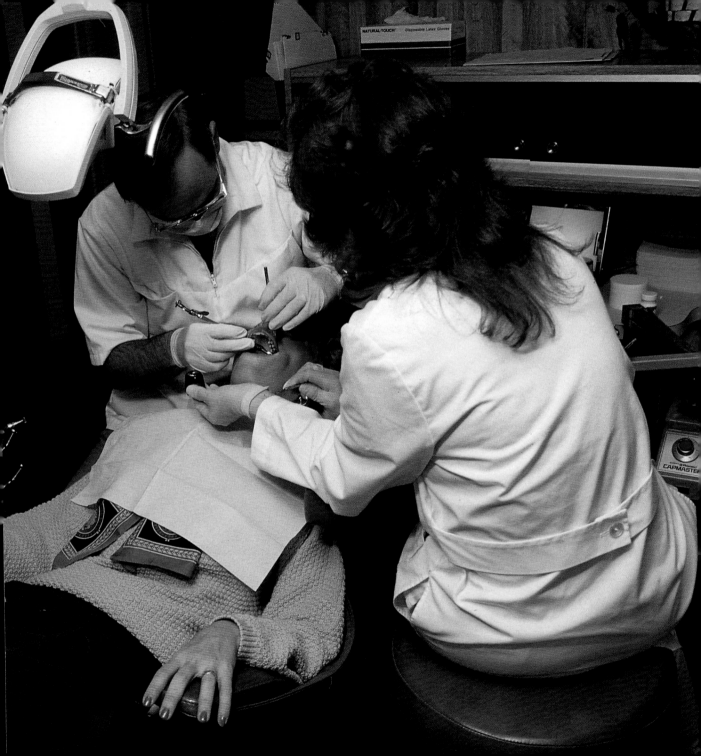

Quiénes ayudan a las dentistas
Los asistentes dentales trabajan
directamente con las dentistas. Otras
personas, llamadas higienistas, limpian los
dientes de la gente. También enseñan a
lavarse los dientes y a usar el hilo dental.
El hilo dental es un cordón especial para
limpiar entre los dientes.

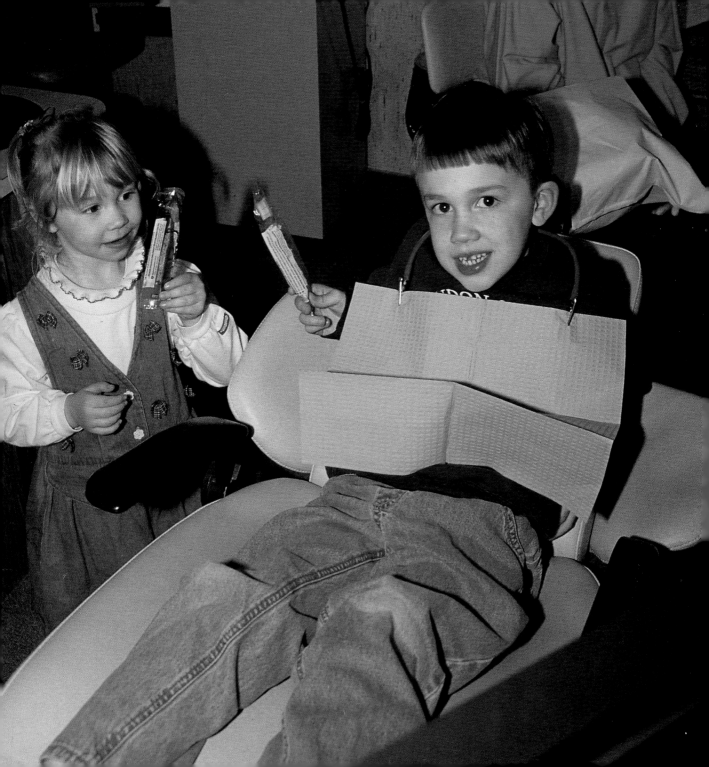

Los dentistas ayudan a la gente

Los dentistas cuidan que los dientes de la gente estén sanos. Ellos curan los dientes de la gente. Le dicen a la gente qué comida es buena para los dientes. Dientes fuertes y sanos pueden durar toda una vida.

Manos a la obra: Cuenta los dientes

El número de tus dientes cambia a medida que creces. Un bebé tiene muy pocos dientes. Los adultos tienen muchos dientes. Algunas veces los ancianos no tienen dientes naturales. Los dentistas les ponen dientes postizos.

Tú puedes comparar cuántos dientes tienen las personas que conoces. Asegúrate haberte lavado las manos antes de tocar los dientes de alguien.

1. Cuenta los dientes de un bebé. Escribe el número en una hoja de papel.
2. Cuenta tus propios dientes. Usa un espejo para poder verlos todos. Escribe el número.
3. Cuenta los dientes de un adulto (de 20 a 49 años). Escribe el número.
4. Cuenta los dientes de una persona mayor (50 o más años). Pregúntale cuántos de sus dientes son naturales. Escribe cuántos son naturales y cuántos postizos.

Los niños entre seis y trece años tienen de 20 a 24 dientes. La mayoría de los adultos tiene de 24 a 32 dientes.

Conoce las palabras

caries—agujero en un diente

encías—piel suave alrededor de los dientes

examen—revisión para saber si los dientes de una persona están sanos

hilo dental—cordón fuerte para limpiar entre los dientes

universidad—escuela donde los estudiantes estudian después de la secundaria

Más lecturas

Chamblis, Maxie. *I'm Going to the Dentist.* New York: Ladybird Books, 1997.

Schwartz, Linda. *Meet Your Teeth.* Santa Barbara, Calif.: The Learning Works, 1996.

Páginas de Internet

So You Want to Be a Dentist
http://www.vvm.com/~bond/home.htm
Tooth Fairy
http://www.toothfairy.org

Índice